AF409060

Salvador Medina Barahona

50
instantáneas
y un crimen

Este libro ha sido publicado gracias a la generosa colaboración
de familiares, colegas, amigos y socios estratégicos de la cultura.
Un fuerte abrazo de gratitud para ellos:

Daisy Aleida Medina Castillo
Sandra Medina González
Rose Marie Tapia Rodríguez
Pablo Menacho
Philip James Realty Company Panamá

50 instantáneas y un crimen
© Salvador Medina Barahona
Primera edición, 2016

ISBN: 978-9962-12-331-6

Edición: *el duende gramático*
Diseño de portada y diagramación de interiores: © *Pablo Menacho*
Fotografía del autor: © *Daniel Mordzinski*
Reservados los derechos
Impreso en Panamá

A Gloriela y Salvador Erasmo

Estos textos fueron escritos, en su mayor parte, entre los años 2004 y 2006, en DeKalb, un suburbio de Chicago, en el cuarto piso de la Biblioteca Founders de la Northern Illinois University. Por aquel entonces había terminado de escribir, al menos eso pensaba, *La hora de tu olvido*, una difícil elegía a mi padre, que vería la luz en 2008. La dureza del invierno, las emociones encontradas de la despedida y una urgente necesidad de cambiar de rumbo me impusieron un ejercicio de textos breves con los que aminorar la densidad y el agobio de la primera gran fatalidad de mi vida. Quise tratarlos desde una perspectiva despersonalizada, esto es, a partir de temas en apariencia ajenos a mi biografía, ficcionalizados, lúdicos, irónicos, sarcásticos, controversiales. Probé escribir, en primera instancia, un libro en el que la protagonista era una mujer, tal como lo hacen los narradores con una facilidad envidiable, sin que sean por ello tildados de maricones. Fracasé. El texto se me hizo artificioso, se le notaban los desaciertos, y perdí el entusiasmo. Pero no me di por vencido. Me obsesioné de manera tal, que hice un violentísimo giro. Destruí la mayor parte del material y me quedé con fragmentos que juzgué tenían cierto valor literario, verosimilitud, contundencia. Entonces ocurrió: una tarde plomiza entré en la biblioteca, agarré un bloque de hojas recicladas y guillotinadas que servían para anotar guías bibliográficas y subí hasta la cuarta planta. Me dije en tono imperativo: "¡Vas a completar este libro, coño!" "¡No sales de aquí hasta que lo consigas!". Puse mis cosas sobre una mesa enorme, asegurándome de que nadie más osara siquiera acercarse.

Cerré los ojos. Agarré el primer pedazo de papel y, en una suerte de delirio incontenible, empecé a escribir textos muy breves, con una velocidad de la que aún hoy me sorprendo, a razón de un texto/poema por trozo de papel reciclado, hasta que se me agotó el bloque. Casi todos esos poemas están aquí prácticamente intactos. En posteriores sesiones fui quitando algunos, mejorando otros y agregando no pocos hasta alcanzar 51. Traté de sostener en lo posible su halo de despersonalización, al punto de que la otredad habita muchas de estas páginas. Aquí va poesía que es ficción, de personajes, de distanciamientos del *yo* más íntimo, porque, nadie lo olvide, la poesía es también ficción; aunque entre otredad y ficción no deje de aflorar el ser concreto o abstracto que uno es. Así, pues, los envié a concursos para que perdieran (consejo que siempre doy a mis estudiantes de poesía). Eso me dio distancia. Y cada vez que volvía a ellos sentía que tenían algo que decir. Hice muchos amagos de buscarles editor. Pero no fue sino hasta ahora, diez años después, que decidí publicarlos. Mi padre murió en 2005. Este libro me ayudó a salir de mi tristeza. Mi hijo nació a principios de 2016. Este libro me ayudará a celebrarlo. Por eso vale la pena escribir.

SMB

Estudios de sicología

*"Mira lo que ha sucedido
por dejar los cuerpos solos."*

José de Jesús Martínez

Mantra de un masoquista

¡Ay!, si la vida fuera un golpe.

Stigmata

Hoy
crecen
orugas venenosas
en
mi
costado.

Demostración de afectos

Abrazo mi rencor:

La crueldad
tartamudea
y
se

par-
te.

Sicología infantil

¿Dónde
estará
el zapato
que apuñaleé
en
mi
niñez?

Crímenes y misterios

La más vieja profesión del mundo

"Mi primer recuerdo parte de un farol a oscuras…"

Roberto Sosa

Mi primer recuerdo
empieza un martes
en la cama de Inés
y termina
un miércoles
temprano,
de bruces en la acera,
con un billete
de a 5
y la identidad
comprada.

El fantasma

Sabía llegar, callado.

Astro, lazarillo amable,
ofrecía a los mendigos y a los ciegos su bocado de pan,
su caldillo de rocas; desde luego,
sus pupilas para ver.

Cerrada la ciudad, él se ponía
a existir: Entregaba recados
entre las tumbas; resguardaba su cabeza
en los durmientes del metro.

¡Era de verse!

El crimen prometido

Había que cruzar el puente. Subir las escaleras.
Ya en el portón, oprimir
el número 18.

Del otro lado,
se escucharía el respiro,
la señal para entrar.

Tomaría el ascensor, como de costumbre.

La puerta se abriría.
Allí, hermosa, estaría Inés,
puesta de sándalos,
con su collar de escudos
y la noche incendiándole los cabellos.

—*Te amo, amiguita dulce, espejito terrible*,
sería lo último
que le dejaría pronunciar.

(De su cuello saldrían mares,
silencios largamente ocultos,
pequeños dinosaurios
que le amaran.)

Personajes y símbolos

Bush al dejar la Casa Blanca

—Todo
lo que he sido
ingresa
a su
memoria
baldía.

The White House en 6 palabras y un punto

Mancha—de—alegría—en—el—lodazal •

El poeta cambia de país

—¿Cómo
se
pasa
de
una
marginación
a
otra?

MJ, el rey del pop

—¡Ay!, ese coro de niños
silbándome

en
la
sangre.

Elvis y su último vuelo

—Esto es dormir, señores,
en una cueva,
en las costillas del aire,
o en la boca
tenebrosa
de Dios.

Nueva York a Lorca

—¡Qué duda cabe!

Todo,
hasta el cemento,
es parte
de
mi
luz.

Narciso y los astros

En el tablón
del patio
sostengo
mis
espejos.

Toman su descanso al atardecer.

Mientras,
yo
aguardo
a
la
primera
estrella.

Miguel Ángel a su David en el mármol bruto

—Cincel
de
exploraciones,

mi
mirada
te
busca.

¿Será
posible
encontrarte?

Sáfica, siglo 21, I parte

—¿Por qué
en
tu
lengua
ya
no
oran
mis pezones?

¿Por qué
ya
no
me
asfixian
tus
sobacos
inmundos?

Sáfica, siglo 21, II parte

—Cuerpo
que aún
sostienes
en mi
piel
el instante
en que caías
del
otro
lado
del
corazón…

Mahoma a la mitad del camino

Sé
que
algún
lugar
me
aguarda
en
la montaña.

Por
eso
me
alimento,

negocio
con
la
roca.

María Magdalena camina ensangrentada

Entro a la calle y
enseguida nacen
mis
inquisidores,

los amantes
y dueños
absolutos
de
la
verdad.

Me señalan largamente.

Me
apedrean
felices

con
la
punta

de

sus

OjOs.

Freud sicoanaliza los objetos

¿Existe
algún
peligro
más
dañino
que
el
hierro
violento
de
una
cama?

Versos para cuando se va la luz y otros abismos

Tragicomedia en 8 actos mínimos

Personajes:
Mujer
Hombre

"Amor que duras: llora entre mis piernas."

Antonio Gamoneda

Acto I: Huye la luz,

y de pronto, tú,
manantial de soles,

zarza
en
el
interior
de
mi
orgasmo.

Acto II: Reproche de la dama mustia

1.

—A veces
creces en mí,

bestia entre todas las bestias,

abriendo
los
diques
azarosos
de mi cintura,

comiéndote
el verdor
de mis jardines,

y dejando
como un fauno envilecido
tu rúbrica
de horror
entre mis senos.

2.

Y yo quedo desierta,
en la mitad de ti,
puesta de grilletes
de espasmo a espasmo;
la alquimia ensangrentada
y
unos céntimos

ca
        yén
                do
                        se

de
tus
bolsillos.

Acto III: De sábanas y siglos o la odisea de Penélope
—versión corregida y aumentada—

Llegado
de
tu exilio,
mojaste tu ambición
bajo
estas sábanas
sucias,

bajo
este hedor
de siglos
en mi vientre,

bajo
esta franja
abierta
en
el
rencor
de mis ingles.

Acto IV: Venganza de una mujer sin rostro

Saco
fuerzas
del torso
de
mi
amante.

Nazco por él
cada vez
que
me
destruye.

Acto V: Un desamor y cuatro metáforas desesperadas

Mis
fuentes
de carbón
junto
a
tus
llamas,

tu
leche
azul
coagulada
en
mis
espejos,

mi
sexo
húmedo
desgajado
en
tus
manos,

en fin,

mi desolada
sangre,

ya no pronuncian
tu nombre.

Acto VI: Cinco hechos punibles y una maldición

Miserables
los que me abrazan,
me dicen cosas tiernas,
los que preguntan
por mí.

Y miserables
los otros,
los que maltratan
mi carne

y rompen
mi
dolor.

Acto VII: Monólogo de la entrega

—Ya ves
cómo
me entrego,

¡pústula cobarde!

Acto VIII: Tregua de la amiga después de un beso en la frente

—Pese a todo,
no
olvido
ser
mujer:

¡jugo de caña
en tus
venas!

SE CIERRA EL TELÓN

La ciudad y sus mundos

El aprendiz

De los que van
de bar en sed
trazando
sus
poemas
y
creen
vencer la muerte
con palabras,
aprendería el idioma de los otros,

el ritmo de las letras
fluyendo
entre
los dedos
cual diminutos
manantiales,

la hazaña
de morir
bajo
una
página
en
blanco.

El poeta y las ánimas

No es
posible
burlar
esta multitud
en
los márgenes
de
la ciudad.

Como yo, tienden

sus
sueños

en
la mitad
de
la calle.

Piropo a una falda que pasa
*[lanzado desde lo alto de una construcción
en la Avenida Balboa]*

—¡Mujer!

¡Dorada puerta!

¡Malecón
de
sal!

De adivinanzas, acertijos y preguntas tontas que no se deben hacer

> *"De la lengua servidos*
> *y de la inteligencia mal*
> *escriben sol donde pululan miasmas"*
>
> Bertalicia Peralta

Adivinanza

Caminan como las medusas sonrientes.
Buscan amparo entre los infractores.
Se inclinan ante los mausoleos de los hipócritas
y aprenden sus tácticas con ambición.

:

_________________.

Acertijo

Poco hacen
por ajustar el ritmo
a sus relojes,

la música que nos alegre
a todos.

(Ellos
por ellos
están;

por sus hijos

y por los hijos
de sus hijos.)

:

_______________.

Preguntas tontas que no se deben hacer
[si ha respondido correctamente la adivinanza
y/o el acertijo anteriores]

¿Habitarán
aún
la casa
del pañuelo

su mundillo de aire

su amor
propio?

Fábulas de la sonrisa y el pez

Fábula de la sonrisa

Personajes:
Leona furiosa
León impasible
Algunas hienas divertidas

Las hienas ríen.

Yo, leona en celo,
les
devuelvo
el
conjuro.

Fábula del pez (cado)
que piensa y languidece en voz alta
para que usted lo escuche

—Algo
me dice
que es
salada
mi
sangre.

Cosmogonías

Años luz

Cantan
para ir
haciéndose
a la noche,

sus fantasmas
y espejos

de doble
filo.

Certeza de un hombre ante el vacío

—Sé
que
existes
en tu sabio elemento,

en tu paisaje proclive
a
la
eternidad.

Historia universal del fornicio

Volarían como letras
a la puesta del mundo:

"¡chispas, lascas, eructos!"

¡panal exasperado
en los aullidos de un bosque!

Luego se detendrían.
Irían a la fuente.
Lavarían sus carnes.

La noche,
nueva de estrellas,
bajaría
a descansar.

Cópula de tierra y fuego

—Hace un instante saltó magma en mi ocaso.

Crónica del fin del mundo

Mañana…/

Esa oscura palabra

que no quiero
repetir.

De perros, gatos, disparos, humedades y silencios

(Encores, álbum final)

> "—Yo pintaré un hombre con una linterna.
> —Hazlo. Pero ¿qué le pondrás
> alrededor para que se vea?
> —Pues, noche—dijo, ya iracundo."
>
> Carlos Martínez Rivas

El banquete

Arriba,
en la alta mesa,
los poderosos eligen qué comer,
con qué vino aligerar sus guarniciones.

Abajo
—desdeñoso—
un perro orina
en la boca
de los pobres.

A imagen y semejanza

La jauría ha devorado al can. El pobre pequeñuelo
hace la lucha, late en sus vientres. Una y otra vez
intenta salir. Recuperar la cola, sus patas, su hociquito.
Uno y todos ha sido: presa y mandíbulas. Sus esfuerzos,
tenaces hasta la lágrima, lo llevan adonde era inevitable
llegar.

Ya vencido, más bien convencido de su suerte, desiste,
se echa a dormir, cuerpo repartido en diez bocados.

Afuera, el hombre ha estado contemplando la escena,
riendo a carcajadas. Ahora premia, felicita, recompensa:

—¡Bien hecho, mis chiquitos!
   Lo han emulado bien.

DE GATOS

El intruso

Marga, para ti, celebrando a tu gato

En mi jardín
duerme un gato
que me espina
las rosas.

Gesta

Disparo mis palabras
para que estallen
en el silencio
cómplice.

Sequía

Calmo
mi sed
entre unos muslos
que lanzan
su humedad
mezquina.

Coraje

Me declaro
enemigo del miedo
cuando habitas
las letras
de mi nombre.

Sí, mi nombre. Otra vez
   mi nombre:

¡Reunión de sílabas por ti!

Lección de pocas palabras

—¿Cuándo aprenderé el silencio? —le pregunta
el joven poeta a su Musa.
—¡Cuando te calles, y me dejes hablar!

El canje a oscuras
(Realismo Zen)

Discípulo: —Te daré
lo que me pidas
a cambio
de tu luz.

    —¡No! —contestó el silencio.

Índice

50 instantáneas y un crimen
se terminó de imprimir en el mes de septiembre de 2016
en Impresora Pacífico, Panamá.
La edición estuvo al cuidado de *el duende gramático*.